Fundamenteel rapport

Mijnbouw industrie

I0462946

Victoria Gold Corp.

CVE:VIT

E.E.J. Convens

Gaelic Victors

2

Inhoud

Disclaimer

Voorwoord

I n tijden van geo-politieke en economische onzeker-
heid trachten beleggers hun portfolio te beschermen tegen financiële gebeurtenissen die een negatief gevolg
kunnen hebben op hun vermogen. De zoektocht naar een
veilige haven eindigt steevast bij de edelmetalen. Zo zijn goud
en zilver altijd al echte betaalmiddelen geweest en gaan dat
ongetwijfeld ook in de toekomst blijven. Zolang de mens be-
perkingen heeft in zijn zoektocht naar edelmetalen op aarde,
gaan goud en zilver steeds een vermogensbescherming vormen voor de portfolio van een investeerder. Goud is het eni-
ge natuurlijke betaalmiddel met een blijvende waarde. In het
Romeinse Rijk kon men 500 broden kopen met 1 ounce
goud. Vandaag kan u met diezelfde 1 ounce goud nog steeds
500 broden kopen, ook al is dat niet meer gebruikelijk. Ook
kon men in het Romeinse Rijk een op maat gemaakte toga
aanschaffen voor 1 ounce goud, wat nog steeds overeenkomt
met de prijs van een maatpak zoals we dat vandaag kennen.
Goud wordt dus, in tegenstelling tot wat velen aannemen,
niet gekocht met de onderliggende gedachte er een hoge
winst op te kunnen nemen, maar als bescherming tegen infla-
tie en een onvermijdelijke nieuwe (monetaire) crisis.

Prijsschommelingen in goud zijn onderhevig aan de
valuta waarden die door economische, ecologische en geo-

politieke gebeurtenissen kunnen veranderen. Het zijn dus steeds de valuta die zich volatiel bewegen ten opzichte van goud en niet andersom. Wie dus goud wil kopen om er een zekere winst mee te kunnen behalen, kan zich dan beter concentreren op de papieren goudhandel zoals bijvoorbeeld ETF's.

Een investering in fysiek goud zal uw koopkracht beschermen terwijl een investering in een goudmijnbedrijf een grote hedge kan zijn voor uw portfolio. Het zijn dan ook fysiek goud en goudmijnbedrijven die een vaste waarde in een investeerders portfolio horen te zijn.

De vier fundamentele peilers van een sterke portfolio zijn:

1: fysiek goud
2: fysiek zilver
3: goud en zilver mijnbedrijven
4: waarde investeringen (dividend aandelen en vastgoed)

Zoals u kan merken heeft cash geen plaats in de bovenstaande lijst. Voor de crisis van 2008 had cash een bepaalde waarde en kon er een zeker rendement worden behaald met een eenvoudige spaarrekening. Door het ingrijpen van de centrale banken leveren de meeste spaarrekeningen nu vrijwel geen rente of zelfs een negatieve rente op spaargelden. Hierdoor is cash als asset (meerwaarde) verworden tot een liability (verlieslatend of een kost). Wie in de massa produceert ziet de waarde van zijn product dalen, en dat is in het monetaire stelsel niet anders. Wie massaal geld gaat bijdrukken verwatert de waarde van zijn valuta. Ook in de beleggerswereld is dit niet vreemd. Een bedrijf dat extra geld wil ophalen en nieuwe aandelen uitgeeft, verwatert de waarde van de bestaande aandelen, en dus ook de investering van de aandeelhouders die het effect reeds in hun portefeuille hadden.

Het verwateren van aandelen bij bedrijven is echter specifiek. In commodities en pharmaceutische en biotechnologische industrieën is het vaak noodzakelijk om geld op te halen (funding) voor de verdere werking van het bedrijf. Deze genoemde sectoren zijn erg investeringsgevoelig en hebben toch een behoorlijk risico waardoor banken vaak terughoudend zijn om de investeringen te dekken door middel van leningen. Voor de investeerder in deze sectoren maakt dit dat het risicovolle investeringen zijn en dat er een hoger rendement mag verwacht worden. Toch gaat het ook vaak fout en worden er grote verliezen geboekt. Het is dan ook belangrijk voor u als investeerder om het risico te spreiden. Dit kan met name door uw investeringen te diversifiëren in verschillende mijnbouwbedrijven. Uiteraard mits het vereiste zelfonderzoek naar de waarde van het bedrijf en naar de capaciteiten van het management.

Geen enkele analist kan gegarandeerde uitspraken of voorspellingen doen over de toekomst van een bedrijf of over het koerspotentiëel. Er zijn te veel indicatoren die niet eigen zijn aan het bedrijf, maar die wel een grote impact kunnen hebben op de werking van het bedrijf. Hierbij denken we dan aan bijvoorbeeld aan natuurrampen, politieke situaties, economische crisis, financiële crisis en eventuele trends. Ook al zijn deze niet rechtstreeks eigen aan het bedrijf, dit betekent niet dat we deze factoren niet reeds mee kunnen incalculeren in de bedrijfsanalyse.

Een mijnbouwbedrijf met een potentiële hedge bij de onvermijdelijke en nakende nieuwe crisis is bijvoorbeeld Victoria Gold Corp. Door een bewogen verleden van ups en downs is dit een fascinerend bedrijf dat binnen zeer afzienbare tijd klaar is om het eerste goud te kunnen gieten en vanaf dan ook kan beschouwd worden als een goudmijnbedrijf.

Historiek

N a zijn oprichting heeft Victoria Gold Corp. een lange en moeizame weg afgelegd. Weersinvloeden en ander oponthoud hebben tot een vertraging geleid van het Dublin Gulch project in het Yukon Mijnbouw district. Naar ruwe schatting heeft Victoria Gold, een twee jaar lang assessment process gehad, naast het feit dat er al akkoorden waren vastgelegd met de First Nation of Nacho Nyak Dun. Vervolgens werd het vergunningsproces opgestart voor het verkrijgen van een Quartz ontginningslicensie.

Gedurende 2012 en 2013 was het bedrijf druk in de weer met zowel de financiering van het project als de samenstelling van een gemotiveerd team voor de uitwerking ervan. Victoria Gold Corp. had erop gehoopt om na het verkrijgen van de quartz ontginningslicensie te kunnen starten met de constructie van de mijn (1). Initieel had het bedrijf voorzien om te kunnen produceren na een constructie periode van 18 tot 24 maanden (2).

De financiering van het project zou een hele opgave worden. Victoria Gold heeft daarvoor hun Relief Canyon project verkocht aan Perishing Gold voor 6 miljoen US$. Kort nadien werd ook het Cove project verkocht aan Premier Gold mines voor 28 miljoen US$. Het Cove project was reeds in die mate gevorderd dat het bekend was dat het project een Inferred Resources had van 355,253.44 tonnes aan een 20 gram per tonnes goud indicatie. Dit was goed voor 231,300 ounces goud. Door het overnemen van het project, werd ook de partner van Victoria Gold mee overgenomen door Premier Gold Mines. Deze partner - Newmont Mining - had een belang van 51% in het Cove project sinds een positieve Feasability studie (haalbaarheidsstudie) gebaseerd op minstens 500,000 ounces aan goud (3).

Zilvervondsten

D e exploratie boringen uit het boorprogramma van de nabij gelegen Rex-Peso locatie in 2011 die werden bekendgemaakt in begin 2012, toonden aan dat boorgat 10 een resultaat gaf van 27.4 meter met een zilver gehalte van 382 gram per tonne vanaf 102 meter diepte. Boorgat 2 van de Peso ader vertoonde 15.8 meter aan een gemiddelde van 82.8 gram zilver vanaf 58 meter diepte. Andere boorresultaten gaven eveneens gunstige cijfers in boorgat 9 en boorgat 12. De resultaten gaven ook andere mineralen als antimonium, zink en lood aan.

Het Dublin Gulch gebied is 646 km² groot en heeft 3408 claims (4).

Feasability Study (haalbaarheidsstudie)

U it de feasability study kon worden gelezen dat het mogelijk was om een open put mijn te bouwen met een lage strip ratio van 1.45 op 1, wat betekent dat er 1 tonne aan bruikbare ertsen kan worden gewonnen uit een volume van 1.45 tonne gedolven materiaal.

Extractie van goud kan gebeuren door Heap-Leaching. Dit is een proces om goud door middel van een serie chemische reacties te laten absorberen uit het gedolven materiaal. Reeds in 2012 kon Victoria Gold beginnen met het bouwen van de open put mijn om tegen eind 2014 operationeel te zijn als producent. De Probable Reserves in de Eagle Gold voorraad waren destijds 91.6 miljoen tonnes met een 0.78 gram goud per tonnes wat goed was voor 2.3 miljoen ounces goud. Door te hoge werkingskosten voor het runnen van de mijn besloot het bedrijf om verdere exploratie op Eagle Gold te doen om de voorraad te verhogen en om meer kapitaal te verwerven voor het bouwen van de mijn (5).

De nieuwe NI 43-101
haalbaarheidsstudie

En Feasability Study of haalbaarheidsstudie van oktober 2016 gaf aan dat de totale voorraad van het Eagle en Olive project samen een 2.7 miljoen ounces aan Proven and Probable Reserves heeft als goud, uit zo'n 123 miljoen tonnes erts met een 0.67 gram goud gehalte per tonne.

Een nieuwe NI 43-101 studie van de Eagle en Olive voorraden uit december 2018 gaf een geschatte voorraad van 208 miljoen tonnes aan een gemiddelde van 0.66 gram goud per tonne. De Measured and Indicated Resources, samen met de eerdere Proven and Probable Reserves gaven daarmee een voorraad aan van 4.4 miljoen ounces goud.

De Inferred Resources werden geschat op 0.4 miljoen ounces aan goud.

Metaalwaarden

Onderstaande metaalwaarden zijn berekend aan een goudprijs van 1398.0 US$ aan de hand van een tussentijdse koers op dinsdag 9 juli 2019.

Proven and Probable Reserves:

123 miljoen tonnes aan erts met een 0.67 gram goudgehalte per tonne heeft een metaalwaarde van 30.11 US$ per tonne. De totale metaalwaarde is dan 3,703,530,000 US$ of 3.70 Miljard US$.

Measured and Indicated Resources:

85 miljoen tonnes aan een gemiddelde van 0.66 gram goud per tonne, is een metaalwaarde van 29.66 US$ per tonne. De totale waarde van is dan 2,521,100,000 US$ of 2.52 miljard US$.

Measured and Indicated Resources zijn een vrij nauwkeurige benadering van wat de voorraad is en na re-evaluatie is de metaalwaarde 2,016,880,000 US$ of 2.01 miljard US$.

Inferred Resources:

20 miljoen tonne met een gemiddelde van 0.64 gram goud per tonne is een metaalwaarde van 28.77 US$ per tonne. De

totaal waarde van deze Inferred Resources is dan 575,400,000 US$.

Aangezien Referred Resources een ruwe schatting zijn is de metaalwaarde na re-evaluatie 201,390,000 US$ of 201.39 miljoen US$.

De gezamelijke metaalwaarde van de voorraden is 5,921,800,000 US$ of 5.92 Miljard US$.

Het management

Het management van Victoria Gold Corp. is met het bouwen van deze mijn niet aan zijn proefstuk toe.

Begin 2018 heeft het management de woede van enkele aandeelhouders over zich heen gekregen door het uitgeven van 250 miljoen aandelen om de overgangsfase te financieren van developer (ontwikkelaar) naar producent. Hierdoor ontstond er een verwatering van bijna 50% voor de aandeelhouders.

Met wat vertraging staat Victoria Gold Corp. aan de vooravond van productie en wordt verwacht ergens omstreeks september 2019 de eerste gouden doré te kunnen gieten.

Financiële parameters

ictoria Gold Corp. heeft gedurende de periode als exploratiebedrijf geen winst kunnen maken. Dit is normaal aangezien exploratiebedrijven hoofdzakelijk op het vertrouwen (of goodwill) van investeerders kunnen bestaan. De verkoop van twee andere Victoria Gold projecten heeft het mogelijk gemaakt om het Eagle Gold project verder te exploreren en deels te financieren in de uitbouw tot een open pit mijn. Verdere financiering was mogelijk door het uitgeven van nieuwe aandelen. De Consolidated Financial Statements van 28 februari 2019 en 2018 geven een Quick Ratio van 1.49 weer. De waarde van de snel verhandelbare middelen ligt daarmee een stuk hoger dan de kortlopende schulden.

De Current Ratio van 0.21 is erg laag en toont aan dat het bedrijf problemen kan hebben om de eindjes aan elkaar te knopen want het heeft weinig werkkapitaal. De netto waarde van Victoria Gold is 291,577,479 Canadese dollar en de schuldgraad ligt boven de 50%. Het bedrijf is dus kwetsbaar mochten er zich directe problemen opwerpen.

De Return On Equity was voorgaande jaren negatief maar is nu licht positief. De ROE ligt momenteel op 0.04%. Dat het bedrijf aan de vooravond van productie staat maakt dat we deze cijfers kunnen te relativeren. Victoria Gold verwacht eind september, ten laatste begin oktober het eerste goud te kunnen gieten. Vanaf dan gaan de bedrijfsresultaten andere vormen aannemen. De financiële zorgen zullen verlagen (afgezien van eventuele onvoorziene en onvoorspelbare factoren) met een positief gevolg voor de genoemde ratio's.

De levensduur van de open pit mijn zal ongeveer 11 jaar zijn met een jaarlijkse productie van 200,000 Oz. De All In Sustaining Cost is 638 US$ per Oz. inclusief Royalties is de All In Sustaining Cost 720 US$ per Oz (6).

De totale metaalwaarde van de grondstoffen is 5,921,800,000 US$. De totale kostprijs van het delven van 2.3 miljoen Oz is 1,656,000,000 US$. Totale winstmarge van de mijn zal ergens rond de 4,265,800,000 US$ zijn.

In aanloop van de eerste 3 jaren van productie zou de prijs per aandeel maximaal kunnen oplopen tot ca 5.17 US$ (gebaseerd op een goudprijs van 1398.0 US$ per Oz). Valuta omrekening van 14 juli 2019 van US$ naar Canadese dollar zou de aandeelwaarde 6.74 Canadese dollar kunnen zijn. Dit betekent een potentiële stijging in waarde van bijna 1700% (voor belastingen).

Opgegeven waarden en cijfers zijn louter informatief en zijn geen investeringsadvies, gelieve aandachtig de disclaimer op pagina 4 door te nemen.

Laatste nieuws

I n juni 2019 heeft aandeelhouder Osisko Gold Royalties zijn aandelen verkocht aan Orion Co-VI waarmee deze laatste 154.5 miljoen gewone aandelen in bezit heeft. Er werd 0.46 Canadese dollar betaald per aandeel waardoor er een premium betaald werd van 15%.

Orion heeft door deze aankoop zijn belang in het bedrijf verhoogt tot 37%. Het totaal aantal aandelen in het bezit van Orion is nu 318.1 miljoen.

Op 9 juli besliste Electrum Strategic Opportunities Fund L.P. om 70.4 miljoen gewone aandelen aan Orion Co-VI te verkopen voor 32 miljoen Canadese dollar. Electrum Strategic Opportunities Fund L.P. heeft door deze verkoop geen aandelen meer in bezit van Victoria Gold Corp. Orion Co-VI heeft hiermee opnieuw een groter aandeel binnen het bedrijf met een totaal van 350,1 miljoen aandelen.

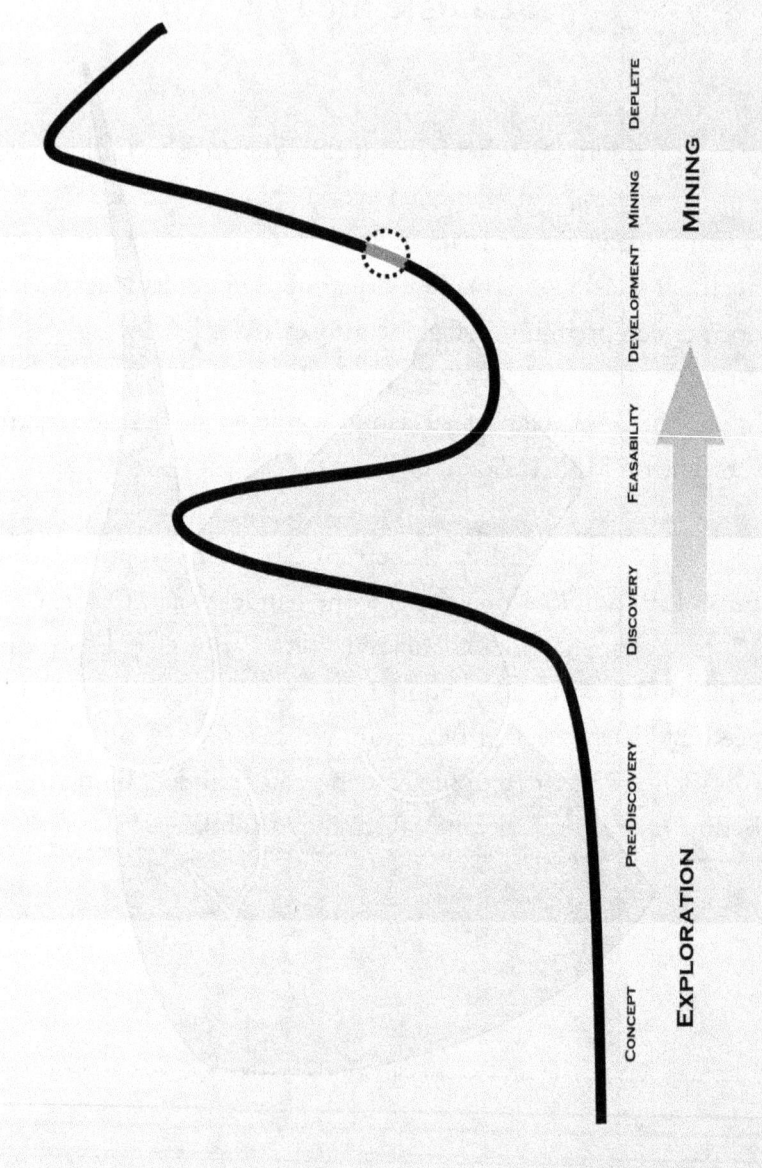

Bronnen

(1):   Northern Miner February 27, 2013 Volume 99 Number 3 Mar 4 - 10, 2013

(2):   Northern Miner September 24, 2012 Volume 98 Number 32 Sep 24 - 30, 2012

(3):   https://www.northernminer.com/news/victoria-sells-assets-to-focus-on-eagle/1001062404/

(4):   https://www.northernminer.com/news/victoria-hits-silver-near-its-yukon-gold-project/1000817869/

(5):   Northern Miner March 5, 2012 Volume 98 Number 3 Mar 5 - 11, 2012

(6):   https://www.vitgoldcorp.com/projects/development/eagle-gold-project/reports/

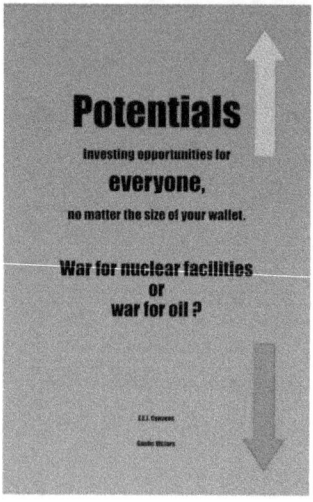

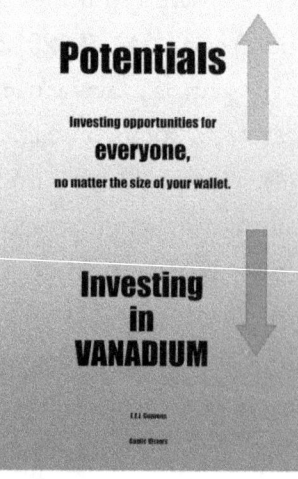

www.ingramcontent.com/pod-product-compliance
Lightning Source LLC
Chambersburg PA
CBHW070435180526
45158CB00017B/1292